Geschichten für Erstleser
Mutig und frech
Leseabenteuer im Doppelband

Inhalt

**Begleitmaterial zu den Geschichten in diesem Buch
finden Sie unter www.lesezug.at
zum Gratis-Download!**

www.ggverlag.at

ISBN 978-3-7074-2349-5

In der aktuell gültigen Rechtschreibung

1. Auflage 2020

Reihengestaltung und Vor- und Nachsatz: Carola Holland

Gesamtherstellung: Imprint, Ljubljana

Hertha Kratzer

Gut gemacht, kleiner Pirat!

Mit Illustrationen von
Gisela Dürr

Inhalt

Das Piratenschiff

Ich heiße Florian Fürchtenichts.

10

Ich bin ein Pirat.

Ein Pirat ist ein Seeräuber.

12

Piraten fahren auf einem Schiff.

Das ist unser Schiff.

Es heißt Freche Fregatte.

15

Ich bin der stärkste Pirat.

Malte Meeresschreck ist Kapitän.

17

Das ist Hans Hasenzahn.

Walter Wasserscheu ist Koch.

Überfall auf hoher See

Eines Tages sausen wir
in voller Fahrt übers Meer.

Da schreit Hans Hasenzahn:
„Ich sehe ein Piratenschiff!"

21

Das Schiff kommt näher.
Es ist die Miese Makrele.

22

Es ist beladen mit einer
Schatztruhe voller Gold.

23

„Diesen Schatz holen wir uns",
ruft Kapitän Meeresschreck.

Schon fliegen Kanonenkugeln
auf die Miese Makrele.

Jetzt entern wir das Schiff.
Ich bin der Erste an Bord.

Schnell laufe ich zur Truhe.
Doch da ist gar kein Gold drin.

Das Meeresungeheuer

Ich finde eine Schatzkarte.

Jetzt wissen wir,

wo der Schatz versteckt ist.

Der Kapitän der Makrele bittet
um Gnade. Unser Kapitän
schaut ihn finster an.

29

Zufrieden schwimmen wir
zurück zu unserer
Frechen Fregatte.

„Wir holen uns den Schatz",
sagt der Kapitän. „Aber vorher
muss ein Essen auf den Tisch!"

31

Wir essen gebratene Fische
und Kartoffeln, bis uns fast
der Bauch platzt.

Nach dem Essen sind wir faul
und müde. Wir legen uns hin,
schlafen und schnarchen.

Der Kapitän weckt uns:
„Auf, ihr Faulpelze! Volle Fahrt
voraus zur Schatzinsel!"

Plötzlich taucht das riesige
Ungeheuer Feuermaul
aus dem Meer auf.

35

Schnell werfe ich ihm
Bananen ins Maul. Zufrieden
schwimmt es wieder davon.

36

Kapitän Meeresschreck lobt
mich: „Das hast du gut
gemacht, kleiner Pirat!"

Die Schatzsuche

Oh nein, auf der Schatzinsel wachsen vier Palmen, nicht eine. Jetzt müssen wir unter jeder Palme graben und suchen.

38

„Au!", schreit Hans Hasenzahn.
Er ist ungeschickt beim Graben.
Ein Pirat lacht. Wütend
schimpft der Kapitän mit allen.

39

Wir graben eine Höhle unter
der ersten Palme. Helmut
Hinkebein geht suchen. Doch
er findet nur stinkende Socken.

Unter der zweiten Palme
sucht Walter Wasserscheu.
„Da ist nur ein altes, rostiges
Fahrrad", sagt er traurig.

41

„Jetzt suche ich", sagt der Kapitän. „Höllenhund und Rattenschwanz! Hier sind nur leere Schnapsfässer", flucht er.

Wütend fängt Kapitän
Meeresschreck an zu schimpfen.
Er bekommt einen dicken Hals
und einen roten Kopf.

Ich suche unter der vierten Palme. Plötzlich spüre ich etwas Hartes zwischen meinen Fingern. Es ist der Schatz!

44

Münzen und bunte Edelsteine
kullern auf den Boden.
Jetzt feiern wir ein tolles Fest,
eine richtige Piratenparty!

Lisa Gallauner

Fritz, schnell wie der Blitz

Mit Illustrationen von

Katrin Wolff

Inhalt

Fritz und seine Freunde

Das ist Fritz.

Er ist ein kleines Auto.

Ein roter Käfer.

Fritz ist kein normales Auto.

bla, bla bla

Er kann sprechen ...

hi hi

... so wie seine besten Freunde:

Toni, der grüne Traktor ...

... und der blaue Bus Bernd.

Die drei haben viel Spaß und ...

... machen jede Menge Unsinn.

Die Rennautos

Aber nicht alle Autos sind lieb.
Die drei Rennautos sind gemein.

Sie heißen Rudi, Raser und
Ronni, und sie sind sehr schnell.

Fritz, Bernd und Toni lachen sie aus. Sie sind zu langsam.

Schnecken, Schleicher oder
lahme Enten nennen sie sie.

Das macht Fritz, Toni und
Bernd oft sehr traurig.

Sie sind keine Schleicher!
Sie sind super!

Toni pflügt toll den Acker,
und in Bernd passen viele Leute.

Und Fritz mögen alle,
weil er immer so lustig ist.

67

Ein Rennen

Heute ist ein schöner Tag.
Die Sonne scheint,
und die Vögel zwitschern.

Fritz und seine Freunde spielen gerade. Da kommen Rudi, Raser und Ronni angefahren.

Sie grinsen gemein. „Na, ihr Schnecken? Schleicht ihr durch die Gegend?", fragt Rudi.

Raser und Ronni lachen.
Sie finden das lustig.
Toni und Bernd sind traurig.

71

Und Fritz? Der ist wütend.
Er will sich nicht länger von
den dreien beleidigen lassen.

Schneller!

Deshalb meint er mutig:
„Wir sind keine Schnecken.
Ich bin viel schneller als ihr."

Wettrennen?

„Ich werde es euch beweisen.
Machen wir ein Rennen!
Ich gegen euch drei."

74

Toni und Bernd starren Fritz verwundert an.
Ist er verrückt geworden?

Raser und Ronni lachen und lachen. Das kann nur ein Scherz sein.

Aber Rudi findet das nicht lustig. „Klar, machen wir ein Rennen", antwortet er zornig.

Fritz flitzt davon

Am Tag des Rennens ist das
Wetter nicht so schön. Dunkle
Wolken sind am Himmel,
und immer wieder regnet es.

Rudi, Raser und Ronni treten zum Rennen an. Auch Fritz steht schon bereit. Toni und Bernd sind die Schiedsrichter.

Die Strecke ist schwierig.
Die Autos müssen eine Runde
um den See fahren.
Da ist es ziemlich hügelig.

Wegen des Regens
ist die Straße nass.
An manchen Stellen
ist sie auch sehr matschig.

Bernd gibt das Signal
zum Start. Rudi, Raser
und Ronni rasen sofort los.
Fritz ist lieber vorsichtig.

Raser rutscht auf dem Matsch aus. Auch Ronni ist viel zu schnell und kommt von der Straße ab.

Wenige Meter vor dem Ziel gibt Rudi zu viel Gas. Auch er scheidet aus. Und Fritz kommt als Einziger ins Ziel!

Sieger

Bernd und Toni jubeln.

Fritz ist stolz auf sich.

Er hat es den anderen gezeigt.

Manchmal ist Vorsicht

eben besser als Übermut!

85

Alle Lesezug-Bücher
sowie Begleitmaterial finden Sie unter
www.lesezug.at

ISBN 978-3-7074-2377-8
1. Klasse, ab 5/6 Jahre

ISBN 978-3-7074-2350-1
2. Klasse, ab 6/7 Jahre

ISBN 978-3-7074-2378-5
2. Klasse, ab 6/7 Jahre

ISBN 978-3-7074-2117-0
Vor- u. Mitlesen, ab 5/6 Jahre

ISBN 978-3-7074-2105-7
Vor- u. Mitlesen, ab 5/6 Jahre

ISBN 978-3-7074-2158-3
Vor- u. Mitlesen, ab 5/6 Jahre

ISBN 978-3-7074-2211-5
Vor- u. Mitlesen, ab 5/6 Jahre

ISBN 978-3-7074-2107-1
Vor- u. Mitlesen, ab 5/6 Jahre

ISBN 978-3-7074-1997-9
Vor- u. Mitlesen, ab 5/6 Jahre

ISBN 978-3-7074-2032-6
Vor- und Mitlesen, ab 5/6 Jahre

ISBN 978-3-7074-1995-5
Vor- u. Mitlesen, ab 5/6 Jahre

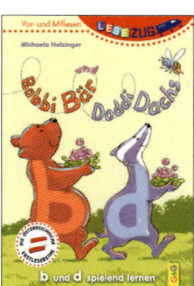

ISBN 978-3-7074-2317-4
Vor- u. Mitlesen, ab 5/6 Jahre

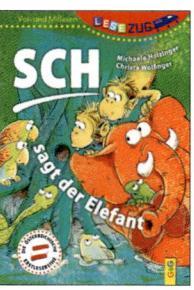

ISBN 978-3-7074-2031-9
Vor- u. Mitlesen, ab 5/6 Jahre

ISBN 978-3-7074-2068-5
Vor- u. Mitlesen, ab 5/6 Jahre

ISBN 978-3-7074-1996-2
Vor- u. Mitlesen, ab 5/6 Jahre